Nichtraucher werden und Nichtraucher
bleiben

AF284517

Eine kleine Anleitung mit großer Wirkung

Joachim Hoier

Nichtraucher werden und Nichtraucher bleiben

Das kann jeder nur von einer Sekunde zur
nächsten Sekunde machen!

Ich rauche die letzte Zigarette, treffe die Entscheidung aufzuhören mit dem Rauchen, dann bin ich Nichtraucher.
Leider nicht so leicht, doch im Grundsatz der einzige Weg

Eine kleine Anleitung mit großer Wirkung

Impressum

Autor: Joachim Hoier

2. Auflage überarbeitete Version von Der Weg zum Nichtraucher

Alle Rechte vorbehalten

Veröffentlichung: BOD

© 2021, Joachim Hoier
Herstellung und Verlag: BoD – Books on Demand, Norderstedt
ISBN: 9783755731351

Inhaltsverzeichnis:

Wenn ich rauche erfahre ich, dass ich süchtig werde. Wenn ich süchtig bin, bin ich krank. Sucht führt letztendlich zum Tod.

Ohne die Suchtmittel (z.B. Zigaretten) kann ich erfahren, dass ich ohne diese Mittel ein angenehmeres Leben haben kann.

Werde ich süchtig von Mitteln, suche ich danach. Rauch gelangt in den Körper, der Körper baut den Rauch ab, der Kopf verlangt neuen Rauch, Rauch gelangt in den Körper……. usw., im Grunde genommen ist das schon alles was das Rauchen bringt. Ein endloser Kreislauf, ist die Zigarettensucht.

Aber was passiert, wenn ich aufhöre zu suchen?

Einleitung

Um zu sagen, wovon ich spreche, benötige ich Erfahrung.

Meine eigenen Erfahrungen aus dem Bereich der Sucht beziehen sich weitreichend auf die verschiedenen stoffgebundenen Suchtmittel, sowie die dazugehörigen Verhaltensweisen. Andere Suchtmittel sind mir bekannt (zum Beispiel: Laufen, Bauen, Arbeiten), diese werden aber nicht Inhalt dieser kleinen Anleitung sein. Im Grunde genommen kann alles zur Sucht führen, ich glaube nicht das es da Ausnahmen gibt.

In dieser Anleitung geht es um das Rauchen und um das Nichtrauchen von Zigaretten.

Meine eigenen Erfahrungen mit dem Rauchen und dem Nichtrauchen.

Nikotinsucht

Im Allgemeinen behaupte ich, dass es sich bei der Zigaretten- oder der Nikotinabhängigkeit um die Gleiche Abhängigkeit handelt wie bei den anderen stoffgebundenen Mitteln. Alkohol, Heroin, Medikamente und so weiter.

Überzeugend klar ist mir durch meine eigene Nikotin - Zigarettensucht geworden:

„Rauchen von Zigaretten führt langsam aber sicher zu einem qualvollen sehr schmerzhaften Tod "!

Fängt sehr langsam an. Leichtes Husten, denken an die tollen Zigaretten, das wundervolle Gefühl des Rauchgenusses.........
(die Einstellung des schleichenden Selbstbetrugs)

Das steht ja auch warnend auf fast jeder Zigarettenschachtel oder auf jedem Tabakbeutel. Mit den passenden Bildern die der Abschreckung dienen sollen und vom Raucher in erst mal ignoriert werden müssen.

Ein paar Beispiele:

Rauchen führt zu einem langsamen und schmerzhaften Tod.

Raucher innen sterben früher.

Rauchen verursacht Herz- und Kreislauferkrankungen.

Raucherbeine, die dann abgeschnitten werden.

Weltweit gibt es statistisch gesehen circa   1,7 Milliarden Raucher innen. Die Rauchen dann 5,8 Billionen Zigaretten. Davon sterben jährlich 7,0 Millionen an den unmittelbaren Folgen des Rauchens. In Deutschland gibt es circa neunzehn Millionen Raucher, davon sterben an den Folgen ungefähr 140.000 Menschen jährlich. Das sind im Durchschnitt 400 Menschen, die täglich qualvoll sterben, was sie selbst zu tragen haben. Ich wüsste gerne was ein Raucher in denkt, wenn die Wahrheit ans Tageslicht kommt. Ich stelle mir das schrecklich vor.

Neun von zehn Menschen, die an Lungenkrebs gestorben sind, waren Raucher innen.

Viele dieser Menschen könnten noch am Leben sein.

Das bedeutet aber auch, dass so der Nikotinsucht nicht beizukommen ist.

Da muss noch was anderes sein! Was das Rauchen im Gehirn für einen Selbstbetrug verursacht, bzw. wie stark die Leugnung der eigenen Wahrheit wird.

Was Raucher innen sich vormachen

Das Rauchen gibt ja ein sicheres Gefühl.

Es enthemmt.

Es befreit bei Stress.

Es beugt vor.

Es ist ein Genussmittel.

Das Sagen Nichtraucher innen dazu

Raucher innen sind verunsichert.

Raucher innen sind gestresst.

Raucher innen sind gehemmt.

Raucher innen suchen den Kick des Nikotins.

Raucher innen entspannen nicht.

Raucher innen stehen ständig unter Druck.

Raucher innen sind ganz arme Schweine! Sie sind abhängig von dem tödlichen Rauch. Süchtig nach dem Tod!

Da unterscheidet sich das Glauben von der Wahrheit. Die Raucher innen leben in verschiedensten Leugnungen, mit denen das Rauchen vor sich selbst gerechtfertigt wird. Dem der Nichtraucher in ist bewusst, dass er sie vom Rauchen nur negative Folgen zu erwarten hat.

Die Nichtraucher innen wissen es und spüren es, der die Raucher innen wissen es, aber er sie spürt es nicht!

Das Rauchen selbst gibt in der Wahrheit der Wirklichkeit kein sicheres Gefühl, denn mit jedem Zug an der Zigarette ist doch klar, dass ich meinen gesamten Organismus damit schädige. Für mich heißt das in der Folge, dass Rauchen überhaupt nichts mit Genuss zu tun hat. Unter Genuss verstehe ich für mich selbst, dass ich den Duft einer Blume oder den Geschmack von Leckerem essen genießen kann und mir damit keinen Schaden zufüge. Ich denke da fängt es für einen Raucher in schon an, sich selbst damit zu betrügen, dem Rauchen noch etwas Schönes abgewinnen zu können. Ich denke Zigarettenqualm stinkt. Und dieser Gestank löst im besten Falle ekel bei mir aus. Ich frage hier nochmal nach dem Genuss?

Obwohl ich allein in meinem Bekanntenkreis mindestens zehn Menschen an den Folgen der Nikotinsucht sterben sehen habe, habe ich trotzdem immer weiter geraucht. Im Betrug, dass mir das nicht passieren kann, doch in ständiger Angst um Lungenkrebs durch das Rauchen.

Ein wenig über sechzig Jahre haben meine Bekannten gelebt, um dann qualvoll unter den Schmerzen des Lungenkrebses zu sterben. Sicher ist das kein Argument, um mit dem Rauchen aufzuhören. Denn in der Sucht ist nun mal klar:

„Dass es alle anderen treffen kann, nur nicht mich selbst"!

Zu der Einsicht zu kommen, dass das Rauchen völliger Unsinn ist, bedarf es ganz anderer Mechanismen.

Doch das ist ja alles nicht so schlimm und auch ganz unwichtig für das einzige Leben, was ich hier auf dieser Welt habe?

Wenn ich rauche, kann ich weder Schönes riechen, noch Schönes schmecken, noch so klar sehen. Ich kann mein Leben um mich herum nicht einmal so denken, wie es wirklich ist. Nein ich betrüge mich damit, dass das ja alles nicht so wichtig ist, wie das Rauchen.

Ich kann zwar krank selbst nicht richtig formulieren, doch sehe ich deutlich, dass das Verhalten eines Rauchers krank ist!

Vielleicht nicht krank, aber auf jeden Fall gegen sich selbst wirkend. Schließlich auch häufig bis zum qualvollen Tod durch Krebs oder andere nachgewiesene Erkrankungen die auf das Rauchen zurückzuführen sind.

Nicht der Nikotinsüchtige ist der Herr im eigenen Körper, sondern schließlich und absolut sicher ist es das: „Nikotin". Das ist kaum vorstellbar, aber so funktioniert die Nikotinsucht. Nikotin einatmen, Nikotin im Körper (gesamter Organismus) aufnehmen, Nikotin vom Körper abbauen, wieder neues Nikotin aufnehmen, immer wieder im Kreis herum….

Das Schöne, aber auch gleichzeitig das Schwierigste daran ist, dass nur der Raucher selbst zum Nichtraucher werden kann. Auch dadurch wird es deutlich, die Verhaltensweisen des Rauchens muss der Raucher erkennen, um diese zu verändern, um überhaupt begreifen zu können, was da im eigenen Körper passiert. Der gedankliche Umbruch durch eine Verhaltensänderung kann mir erst eindeutig klar werden, wenn ich diesen Umbruch vollziehe. Ein kleines Beispiel dazu: Ich nehme meine Zigarettenschachtel nicht überall mit hin, dadurch verstehe ich, dass ich nicht wie vorher gewohnt, zu jeder Zeit die Zigarette greifbar haben muss. Ich verstehe dadurch, wann es tatsächlich um die Nikotinsucht geht oder wann es um das gewohnte Rauchen in bestimmten Situationen geht. Wenn ich diese einfache Veränderung nicht durchführe, kann ich meinen eigenen Umgang mit der Zigarette weder spüren noch richtig denken.

Für mich ist das logisch und auch einfach nachvollziehbar.

Der / die Süchtige ist daran gewöhnt und der Körper bedarf nach der Gewöhnung dieses Gift, diesen durch das Nikotin verursachten Zyklus von Nikotinspiegel und Nikotinentzug weiterführen zu können. Dieser Eindruck wird erweckt, wenn ich meine eigene Nikotinsucht beobachte. Die Phänomene sind bei allen stoffgebundenen Rauschmitteln die Gleichen.

Mein Rauchverhalten

Ich rauchte täglich um die 30 Zigaretten. Morgens schon vor allem anderen was ich unternommen habe. Erst mal ist das Wichtigste auf der Welt, den Nikotinhaushalt wieder auf einen Pegel zu bringen, der mein Leben, lebenswert erscheinen lässt. Der große Selbstbetrug ist in vollem Gang. Berge von Gedanken betreffen das Rauchen. Nicht nur das Beschaffen von neuen Zigaretten ist ein ständiger Begleiter, nein auch der gedankliche Umgang damit, dass ich zigarettensüchtig bin ist mir ständig, wie der Volksmund sagt: „Wie ein Klotz am Bein"!

Gewissensbisse, das heißt ein quälender, disharmonischer Streit zwischen Geist (Gedanken), Körper und Seele (Gefühle) belastete mich permanent. Ich wollte doch gar nicht rauchen, rauchte aber trotzdem. Eine Geißel ist die Zigarettensucht, nur der Süchtige will es nicht realisieren, er verleugnet das so lange es geht. Solange es irgendwie aufrecht gehalten werden kann. Mit allen Mitteln.

Ich möchte aufhören doch tue ich es nicht. Zu labil?

Ich mache mir immer wieder vor, wie toll es ist das ich rauche. Beim Husten schiebe ich Erkältungen vor. Eine schöne Zigarette nach dem Essen, zum Trinken, zum Kaffee, zum spazieren gehen……..usw. Es gibt tausende von Gründen, nur zum Glück für jeden der Nichtraucher in werden will, gibt es nur den einen Grund zum Rauchen: Nikotin rein in den Körper, der Körper baut das Nikotin ab und der Kopf sagt, Du musst jetzt rauchen.

Warum sollte es sonst so sein, dass viele Raucher innen morgens als erstes eine oder mehrere Zigaretten rauchen müssen.

Ein fortwährender Teufelskreis

Nur wer an sich selbst glauben kann, hört damit auf. Die anderen sterben daran.

In Gesellschaft fühlte ich mich nur wohl, wenn andere auch ihre Zigaretten anboten. Wenn ich der alleinige Raucher war, wollte ich andere zum Rauchen animieren um meine Scham zu überspielen. Manchmal wenn ich gerade aufhören wollte, habe ich so getan als wäre ich schon Nichtraucher, das hielt ich aber nicht lange aus. Die vermeintliche Sucht nach Nikotin war so stark, das ich alles links und rechts liegen lassen habe nur um an Zigaretten zu kommen.

Im Prinzip rauchte ich immer. Zu jeder Gelegenheit erfand ich neue Gründe mir eine Zigarette anzuzünden. Ich belog mich mit allen Mitteln, wenn ich starken Raucherhusten hatte, rauchte ich um diesen wieder los zu werden, obwohl das völlig paradox ist, denn der Körper versucht mit dem Husten, den Dreck in der Lunge wieder loszuwerden.

Ehrlich gesagt ist es eine Schande, dass ich geraucht habe. Mich über Jahre immer, das heißt tagtäglich neu belügen zu müssen , dass ich rauchen will und nicht rauchen muss.

Obwohl es heute klar ist, dass ich nicht rauchen muss, wenn ich nicht will. Es ist nur das Nikotin was mich zum Rauchen zwingt. Das muss sich jede r Raucher in erst einmal klar machen.

Folgen meines Rauchens

Im einzelnen und im Grunde genommen, ist das alles Quatsch:

Denn wer länger leben möchte und das qualitativ auch selbst gestalten möchte, der kann praktisch gar nicht rauchen oder er / sie muss zwangsläufig damit aufhören. Aber es gibt so viele, die nicht solange leben möchten. Die sterben dann früher, oftmals auch qualvoll wegen dem Rauchen! Schwer gezeichnet von dem fressenden Krebs und den schmerzstillenden Opiaten.

Die sind doch total irrsinnig!

Tot durch Rauchen ist falsch, Tod durch die Folgen vom Rauchen ist richtig. Selbstbetrug!

Schmerzen!

Schwarze Lunge, vorher schönes rosafarbenes Gewebe.

Verengte Adern im ganzen Körper, das Blut läuft wie irgendeine Giftpampe schwer durch die Blutbahnen.

Eventuell entsteht, vor dem Lungenkrebs, aufgrund der Durchblutungsstörungen   noch,   Herz   –

Kreislaufschwierigkeiten, beschleunigter Puls, schlechte Hautfarbe, schwarze Flecken an den Füssen, wo dann nach und nach die betroffenen Zehen abgenommen werden, später der ganze Fuß und dann ein oder beide Beine abgehackt und der / die Raucher in sitzt im Rollstuhl.

Atemnot, tief durchatmen geht gar nicht.

COPD entsteht unwiederbringliche Schädigung der Lungenbläschen.

Husten, Husten, trockener Husten, nicht zu stoppen.

Fahle Hautfarbe am ganzen Körper.

Herzkreislaufschwäche, da das Blut schwer durch die Adern fließt.

Dennoch geht es weiter. Das Rauchen, diese tödlich endende Sucht. Wie jede Sucht, nach jedem Mittel.

Nachts fangen die Beine an zu schmerzen, das Blut scheint darin zu brennen und löst den Schmerz aus. Der Brustkorb schmerzt mehr und mehr, das Husten tut weh.

Wegen den Durchblutungsstörungen, kommt es zu Herzinfarkten oder es kommt zu dem lange erwarteten Krebs. Bewusst ist das dem Raucher nicht, aber wenn die Diagnose gestellt ist, ist es zu spät!

Die geistig / seelischen Behinderungen durch das Rauchen, entwickeln sich erst nach und nach zu einem relativ klaren Denken und Fühlen zurück. Das ist ja auch klar, weil dieser ständige Selbstbetrug und das Belügen führt ja dazu, das die eigentliche Balance zwischen Körper, Geist und Seele durch das Rauchen zerstört worden sind und sich mit zunehmender Rauchfreiheit, diese Balance erst wieder finden muss.

Der Mensch ist ja seit einiger Zeit derjenige, der glaubt, irgendetwas auf der Welt zu beherrschen. Für mich ist in diesem Gedanken, das Undenkbare, dass sich in der zivilisierten beherrschbaren Welt immer mehr Menschen aufgrund von selbstzerstörerischen Lebensweisen, das eigene Leben nehmen. Sucht und psychische Ursachen kranken immer häufiger durch unsere Gesellschaft.

Ursachen für das Rauchen

Ursachen gibt es auch für das Rauchen. Erwachsene rauchen vor den Kindern. Kinder ahmen das Verhalten nach. Kinder glauben an den Genuss und sind stolz auf das Gehabe um das Rauchen.

Kinder werden durch die Erwachsenen Raucher innen verführt. Es ist unheimlich und zugleich grausam. Das zieht sich kreuz und quer durch die ganze Gesellschaft.

Es ist das Gleiche wie mit dem Alkohol oder anderen Rauschmitteln, welche sich wie die Pest immer weiter durch die Gesellschaft verbreiten. Ich denke nicht bewusst, doch schrecklich und auf brutalste Weise ist das auch beim Rauchen so.

Doch ist die einzige Ursache für das Rauchen die Nikotinsucht.

Zigarettenqualm stinkt.

Der Geschmack des Rauches ist zum Kotzen

Immer wieder ist es eine Qual den Rauch durch die Atemwege in die Lunge zu ziehen, in dem Bewusstsein davon schwer krank zu werden. Es ist schon schwer sich vorzustellen, das ich in der Lage war, das Prozedere über Jahre, täglich mit mir anzustellen.

Und das obwohl es keinen vernünftigen Grund gibt Zigaretten zu rauchen.

Sich immer wieder zu sagen, das ich rauchen will, ist schon Wahnsinn.

Der Selbstbetrug des Rauchers

Nicht ich beherrsche das Geschehen. Die Zigarette bestimmt meinen ganzen Tagesablauf. Bestimmt mein Leben.
Ich bin dem Selbstbetrug erlegen. Dass Prozedere wird zwar dadurch nicht klar, aber eindeutig ist doch wohl der Selbstbetrug. Ich stehe morgens auf, um meinen Husten und das kribbelige Verlangen nach dem Nikotin zu befriedigen, rauche ich als Erstes eine oder mehrere Zigaretten.

Ich halte die Sucht nur durch Selbstbetrug aus.
Wenn ich mich selbst nicht mehr betrüge, kann ich nicht mehr rauchen, das ist kaum zu glauben, aber wenn ich daran glaube höre ich auf zu Rauchen!

So einfach und doch so kompliziert. Ich spüre bei jedem Atemzug, dass sich mein Hals zuschnürt, ich wenig Luft bekomme.
Mein großes Gefühl beim Rauchen ist Angst! Angst vor den Folgen des Rauchens.

Angst vor dem Tod durch Rauchen. Da kann ich natürlich in überheblicher Manier sagen, dass jeder sterben muss. Nur den Einfluss den ich habe um ein zufriedenes Leben führen zu können ist der tägliche Umgang mit meiner eigenen Wahrnehmung. Ich nehme doch wahr, dass mir das Rauchen nur schadet und wie schwach ich doch dem gegenüber bin. Wie weit mich diese schreckliche Sucht beherrscht. Wie sehr ich mich damit betrüge und immer zwischen der Gesundheit und der Krankheit durch rauchen, Lügen bereithalten muss, um das Rauchen vor mir selbst aufrecht zu halten.

Rauchen ist Selbstbetrug

Woher kommt das? Warum betrüge und belüge ich mich selbst nur um Rauchen zu können? Das finde ich ist eine merkwürdige Frage, die ich mir selbst noch nicht gestellt habe. Hat es damit zu tun, das ich im Bewusstsein genau formulieren kann, wie sehr mich das Rauchen ankotzt und wie süchtig ich trotzdem mit dem Rauchen bin.

Süchtig bedeutet doch, dass ich nicht ohne Zigaretten leben kann, aber auch nicht mit Zigaretten.

Da ist dieser hässliche Widerstreit in meinem Gehirn. Was möchte so herzlich gerne aufhören und was zwingt mich dazu, weiter zu rauchen?

Wir sprechen von Sucht. Sucht verlangt nach dem Stoff. Nach Nikotin und anderen Giften in dem Zigarettenqualm.

Ich rauche und rauche weiter und weiter, weil auch manche Wörter in dem Spiel um das Rauchen nicht richtig sind: Oben habe ich geschrieben, dass ich völlig abhängig bin und nicht aufhören kann, weil mich das Rauchen soweit gefangen hält, dass ich trotz des Bewusstseins immer weiter rauche. Schmerzen verhindern das nicht, oder sind die Schmerzen nur nicht schmerzhaft genug?

Was ist denn da, um doch Schluss endlich mit dem Rauchen aufzuhören? Ist es Angst? Oder sind das die eigenen Vorstellungen von einem zufriedenen, schönen Leben? Von einer Lebensqualität, die das Rauchen ausschließt?

Angst vor dem zu befürchtenden schmerzhaften Tod? Sagen mir die Beschwerden, die ich vom Rauchen habe, dass ich keine andere Möglichkeit habe, wenn ich eine andere, wohlwollend auch eine bessere bewusstere Lebensqualität haben möchte.

Es ist sehr schwierig, mich dahin zu motivieren, das Rauchen mir so sehr schadet und wirklich überhaupt nichts Sinnvolles, Genussvolles mit sich bringt.

Das Schlimmste am Rauchen ist der Umgang mit meinen Gedanken und den Gefühlen. Ich denke doch fast jedesmal, wenn ich mir eine Zigarette anzünde, wenn ich einigermaßen gesund sein will, das ich mit dem Rauchen aufhören müsste. Doch wie einfach ist es dann auch wiederum mich mit anderen

Gedanken soweit zu beeinflussen, dass ich doch die nächste Zigarette, vielleicht nach oder bei einer Tasse Kaffee genießen möchte und danach dann aufhören will. Mit den Gedanken habe ich ja diese Möglichkeit, das Aufhören immer weiter nach hinten zu schieben.

Morgen höre ich auf, morgen früh noch zwei Zigaretten und dann ist Schluss. Im Gefühl bringt es mich mehr und mehr zur Verzweiflung. Ich will ja aufhören, aber ich schaffe es nicht. Wie oft habe ich es schon versucht und bin doch immer wieder angefangen. Die Zweifel an mir selbst werden ja mit jedem mal größer, ich denke ja, dass ich das nicht schaffe. Andere als Beispiel zu nehmen gelingt mir genauso wenig.

Ich allein habe nur die Chance aufzuhören und meine Kraft darein zu legen, dem Nichtrauchen mehr und mehr Gedanken abzugewinnen, die das Rauchen nicht mehr ermöglichen! Weniger zu rauchen oder nur zu bestimmten Anlässen zu rauchen hat bei mir noch nie funktioniert. Und es ist in der Suchtmedizin auch geklärt, das es nur eine völlige Abstinenz ermöglicht, mit dem jeweiligen Suchtmittel umzugehen.

Mir bleibt also nichts anderes übrig als gar nicht mehr zu rauchen.

Aufhören heißt demnach auch:

„Die erste Zigarette nicht wieder anzünden"!

Raum für Notizen
Vernünftige Notizen
Gesunde Notizen
z. B.

zum Sterben ist es viel zu früh und dann auch noch mit Selbstmord
Ich höre jetzt mit diesem Unsinn auf, die Zigarette die ich gerade rauche ist die letzte.

Endlich ohne Zigarettengestank

Der Prozess des Aufhörens

Es ist ein langwieriger Prozess, so wie ich das verstehe, das Rauchen aufzugeben, genau wie bei den anderen stoffgebundenen Drogen auch nicht anders zu erreichen. Der / die einst Süchtige, vom Rauchen abhängige, hat nur die Möglichkeit, das Rauchen aufzugeben und völlig clean davon zu bleiben.

„Das Suchtgedächtnis bleibt und lässt dem Abhängigen nicht die Möglichkeit nur ab und zu eine Zigarette zu rauchen"!

Ich sage immer, dass da ein Schalter im Gehirn irreparabel zerstört ist, den Schalter die Sucht zu kontrollieren, gibt es nicht. Das ist ja ein Dilemma der Sucht. Der sich ständig wiederholende Teufelskreis der Sucht ist ja die Sucht. Beim Rauchen ist der Teufelskreis:

Nikotin rein in den Körper, Nikotin raus aus dem Körper

Eines Tages ist es dann soweit, das mir die Gedanken sagen, dass es besser für mich wäre, das Rauchen einzustellen!

Meine Aufgabe besteht nun darin, diesen Gedanken zu festigen oder geschieht das Prozedere dadurch, dass ich aufgrund der spürbaren Folgen des Rauchens gar nicht mehr anders denken kann? (Schmerz in der Brust, Herzinfarkt überlebt, ständig schlechten Geschmack, der Speichel ist eine klebrige Masse im Mund, trockener Husten immer dann, wenn der Nikotinspiegel nicht mehr ausreicht, und so weiter)

Also was soll ich da Glauben, wenn ich völlig abhängig bin vom Rauchen, ist es mir dann schließlich auch nicht möglich, das Rauchen kontrolliert aufzugeben. So ist es jedenfalls erforscht in den Statuten der Medizin.

Da wird es dann auch kompliziert für mich, denn der Gedanke allein bringt mich nicht dazu, tatsächlich aufzuhören. Doch eine Veränderung findet statt. Der Genuss der Zigaretten funktioniert nicht mehr so gut. Bei jeder Zigarette habe ich den Gedanken, dass es besser für mich wäre, mit dem Rauchen aufzuhören.

Die Gedanken bringen mich dazu, mich zu quälen! Es reizt mich und ich werde aggressiv.

Doch rauche ich weiter, aber es ist nicht mehr so einfach, ich muss mich zu jeder Zigarette neu Zwingen, mich Austrixen, damit mir im Moment des Anzündens der Zigarette nicht mehr klar ist, dass ich dem Grunde nach aufhören möchte.

„Die Gedanken um das aufhören bleiben"!

Die spürbaren oben beschriebenen Folgen möchte ich in dieser Situation loswerden.

Ich beginne mir zu erdenken, wie ich es schaffen könnte. Verschiedene Hilfsangebote schießen mir durch den Kopf. Der Körper und der Geist sind schön vollgeraucht mit Nikotin. Es erscheint mir ganz einfach zu sein mit dem Rauchen aufzuhören.

Hilfsangebote, die mir angeboten werden:

Nikotinkaugummi

Nikotinpflaster
Hypnose
Seminare
Bücher natürlich!
Nichtraucherkurse im Internet
Das sind nur Beispiele, letztendlich steht jedem abhängigen Raucher, der Nichtraucher sein möchte, das Gleiche bevor.
Entwöhnung von der Zigarette!
Entzug vom Nikotin!

Ich überlegte mir, die Zigaretten die ich noch habe wegzuwerfen. Gesagt getan!
Juhu, ich bin so stark, vergessen oder nicht bewusst ist mir, dass ich voll bin mit Nikotin. Dass ich meinen Nikotinspiegel intus habe.
Es dauert auch nur ein bis eineinhalb Stunden, bis sich die ersten Anzeichen des Nikotinentzuges einstellen. Ich werde unruhig und mein Verlangen nach einer Zigarette lässt mir kaum noch Ruhe.
Ich verstehe gar nicht mehr, warum ich aufhören sollte zu rauchen. Setze mich in mein Auto fahre zur nächsten Tankstelle und kaufe mir entschlossen ein Päckchen Tabak. Rauche schnellstens eine selbstgedrehte Zigarette.
Natürlich bin ich darüber enttäuscht! Um meinen Gefühlszustand zu beschreiben: Ich bin traurig und enttäuscht darüber, dass ich es nicht schaffe, das Rauchen sein zu lassen. Ich bin aggressiv gegenüber mir und dieser schwachen Position, mit dem Rauchen nicht fertig werden zu können, das ich schwächer bin als eine Zigarette, die mich langfristig tötet. Das ist doch unvorstellbar, oder? Dass Rauchen hat mich wieder im Griff. Es muss was anderes her. Die Entzugserscheinungen sind so heftig, dass ich den Entzugserscheinungen nichts entgegen zusetzen habe. Wie denn auch frage ich mich, ich bin ja schon so lange Raucher? An Zeiten ohne Zigaretten kann ich mich ja kaum noch erinnern.
Bis jetzt habe ich ja auch immer geraucht und nie erfahren, wie

es ist, wenn ich diesen Entzug durchstehe, ohne zu rauchen. Ein neuer und doch seltsamer Gedanke für mich als Raucher. **Ich muss, wenn ich das Rauchen aufgeben möchte, diesen Entzug vom Nikotin aushalten.** Aushalten heißt ja auch**:** **„Durchleben ohne zur Zigarette zu greifen"**! Ohne los zufahren, wenn es die Sucht verlangt. Ich muss selbst begreifen, dass das Leben ohne Zigaretten sogar bei mir möglich ist. Solange ich in meinem Verhalten nichts verändere, ergibt es sich logischerweise, dass ich nicht begreifen kann, wie anderes rauchfreies Verhalten auf mich wirkt.

Die Nikotinabhängigkeit hat ja meinen gesamten Organismus vergiftet. Nicht nur meinen Körper, sondern auch den Geist und die Seele. Den gesamten Organismus! Aber wie soll ich aus dieser mich zur Verzweiflung bringenden Situation rauskommen?

Da stimmt schon, dass ich der Sucht ganzheitlich unterlegen bin. Nur wenn ich aufhören möchte mit dem Rauchen, muss wiederum mir auch etwas einfallen, wie ich diesem Dilemma entkommen kann.

Das bedeutet für mich auch, dass diese Unterlegenheit nicht ganz stimmt, denn nur ich kann letztendlich mit dem Rauchen aufhören:

„Nur ich kann das Rauchen aufhören und das mit einer Kraft, die stärker ist als die Sucht"!

Da stellt sich mir schon wieder eine Frage: **„Woher bekomme ich diese Kraft"?**

Im obigen Beispiel ist mir doch klar geworden, wie schwer mich diese Nikotinsucht verleitet, um doch immer wieder anzufangen. Zigaretten wegwerfen, um dann neue zu kaufen, habe ich bestimmt dreißig Mal versucht. Es war der falsche Weg oder war es erforderlich um einen Weg zu finden, der dann auch zum Erfolg führt? Ich denke heute das Es notwendige Erfahrungswerte sind, die mich auf dem Weg zum Nichtraucher stärker gemacht haben, obwohl es jedes Mal eine enttäuschende Situation war, immer wieder angefangen zu haben. Im Endeffekt hat es allerdings eingebracht, den eigenen Leidensdruck zu erhöhen: „Leidensdruck als Notwendigkeit um schließlich doch die letzte Zigarette geraucht zu haben"?

Das bedeutet: Ich musste erst mal genügend Leid erfahren, um mit mir friedvoll umzugehen und wirklich zu begreifen, dass das Rauchen mir so sehr schadet, dass ich derjenige sein könnte, der davon Lungenkrebs bekommt. Mir einzugestehen, dass ich derjenige bin, dem das Rauchen am meisten schadet. Ich der bin der nach allen anderen beschriebenen stoffgebundenen Süchten letztlich am Rauchen sterben könnte. Das war ein wichtiger Punkt für mich, nachdem ich als Polytoxikomane mit den verschiedenen Suchtmitteln klargekommen bin. Alkoholsucht, Tablettensucht, Drogensucht inklusive Heroin, das waren die Mittel, mit denen ich abstinent lebend einen Schlussstrich gezogen habe.

Ich konnte nicht begreifen, dass ich letztlich doch an einem anderen Suchtmittel, hier dem Zigarettenrauchen sterben könnte. Das hatte für mich ebenfalls einen schweren Konflikt ausgelöst. Natürlich ist mir klar, dass ich irgendwann sterben werde. Nur ist es darum kein Anlass, mich selbst mit Zigaretten umzubringen. Also ging die Spule der Konflikte mit dem Rauchen immer weiter, es kamen immer mehr Gedanken auf, die sich für mich gegen das Rauchen auflehnten. Es wurde immer schwieriger zu rauchen, doch das hielt auch nur soweit an, bis das körperliche Verlangen nach Nikotin so groß wurde, dass ich das Gefühl bekam, unbedingt Rauchen zu müssen. Das tat ich dann auch. So hielt ich meinen Nikotinspiegel doch kontinuierlich auf dem gleichen Niveau.

In dieser Zeit hatte ich die Menge an Zigaretten auf ungefähr 10 – 15 Zigaretten pro Tag reduziert. Vorher waren es ungefähr 30 Zigaretten am Tag. Mir war klar, dass es nicht das Ergebnis sein könnte, aber die Gedankenwelt um das Rauchen veränderte sich zunehmend dahin, dass mir Rauchen nicht gefällt und ich lernte daran außerdem, dass ich das Verlangen nach Zigaretten aushalten kann. Das ist mir vorher niemals klar gewesen. So brauchte ich nicht zu jeder Zeit und überall Zigaretten mit hinzunehmen. Ich wusste durch das Reduzieren der täglichen Zigarettenmenge, dass ich doch in der Lage bin, gegen das Rauchen beziehungsweise meine Nikotinsucht was zu unternehmen. Ich lernte also durch die weniger gewordenen Zigaretten, dass es in Situationen in denen ich früher immer geraucht habe, auch ohne Zigarette auszuhalten, ist. Ich spürte also, dass es möglich ist, ohne Rauchen zu überleben! Nun war da aber noch die Nikotinsucht. Dieser beizukommen erschien mir noch schwieriger. Nur stellte sich schnell heraus, dass es nur dieser Teufelskreis:

Nikotin rein, Nikotin raus , Nikotin rein,

Nikotin raus……ist.

Dadurch wird und bleibt es klar, der einzige beschissene Genuss vom Rauchen ist eben dieses Nikotinspiel.

Dieser Prozess kann lange dauern, im Grunde geht der Prozess schon mit der Erkenntnis los, dass sich in mir irgendwas sagt, eigentlich will ich gar nicht rauchen. Ich selbst habe Jahre gebraucht um endgültig zu erkennen, dass das Rauchen absoluter Wahnsinn ist.

Rauchen ist Wahnsinn

,

Das Aufhören

Nun ist es also soweit, dass ich nur noch aufhören muss, wenn ich nicht mehr rauchen möchte.

Da geht es nun los. Ich möchte oder ich will aufhören. Wenn ich nicht noch kranker vom Rauchen werden will, muss ich sogar mit dem Rauchen aufhören. Ein Dilemma im Kopf, ständiges Hin und Her, genau wie mit dem Nikotin .

„Dabei spielt es überhaupt keine Rolle, ob ich aufhören will oder aufhören muss oder kann oder darf, wie ich es auch immer nenne"?

Deswegen schreibe ich auch nicht vom Willen, ich schreibe, dass ich aufhöre. Ich finde allein schon der Klang dieses Wortes ist nicht so heftig und gibt mir auch Kraft und Mut.

Ich suche nach einer Gelegenheit, um entschlossen aufzuhören, mit dem Rauchen. Eine dazu passende Situation. Eine Idee, in der ich mir für mich das Aufhören vorstellen kann.

Nur da ist ja auch schon wieder dieser kleine aber doch deutliche Widerspruch. Wenn ich nicht mehr rauchen möchte, dann bleibt mir nichts übrig als in jeder Situation nicht zu rauchen. Also gibt es nicht die Möglichkeit mir einen bestimmten Tag mit einer vorher bestimmten Situation zu suchen.

Mir bleibt nun nichts übrig als das Rauchen aufzuhören!

Jetzt und sofort! Ich gebe auf, die Gedanken um das Rauchen und lasse die nächste Zigarette sein. Ich beschaffe mir keine neuen Zigaretten. Ich habe nun tatsächlich mit dem Rauchen aufgehört!
Natürlich mit der Angst, dass ich es wieder mal nicht schaffen könnte.
Doch wenn ich mir diese Angst genau ansehe, was bleibt davon übrig? Beim ersten Mal, wenn ich denke, nun musst Du aber unbedingt rauchen und ich lasse mich darauf nicht ein, ist die Angst es nicht zu schaffen schon kleiner. Die ersten Tage sind die Gedanken um das Rauchen schon fast ständig da, auch die Gedanken jetzt will ich aber unbedingt rauchen sind häufig dabei. Nur wenn ich dagegen stelle, dass es lediglich die Nikotinsucht ist habe ich den Schlüssel dagegen in der Hand. Die Gedanken, dass ich rauchen möchte, dauern vielleicht zwei bis drei Minuten. Danach sind sie wieder fort und bei jedem Mal nicht geraucht zu haben wird die Angst auch kleiner. Es beginnt, dass ich mich über das Nichtrauchen freuen kann.

Ich bin jetzt schon Nichtraucher und so wie ich das sehe hatte ich gar keine andere Wahl, wenn ich leben will.

Das sollte jedem Raucher klar sein und ich erinnere mich daran, dass mir dass lange Zeit bevor ich mit diesem Selbstbetrug aufhörte, schon klar war.
Übrigens scheint es mir auch sehr einfach zu sein, wenn ich

erkannt habe, das nur der Selbstbetrug mich zum Nikotinsüchtigen gemacht hat. Wenn ich meine eigene Wahrheit lebe kann ich nicht rauchen.

Der Entzug

Das heißt: Die letzte Zigarette ist geraucht!
Die Entzugserscheinungen:
Ich werde innerlich unruhig.
Ich bin leicht reizbar.
Ich habe Kreislaufbeschwerden.
Ich habe Kopfschmerzen.
Es kommt zu Schweißausbrüchen.
Ich bin nicht belastbar.
Ich bin dadurch aggressiv.
Ich habe Schlafstörungen.
Ich kann mich nicht konzentrieren.
Ich bin depressiv.
Mein Appetit ist größer als vorher.
Diese körperlichen Symptome halten aber nur drei Wochen an. Anfangs, es sind die ersten drei Tage gewesen, an denen die oben genannten Symptome verstärkt aufgetreten sind. Nach dem dritten Tag lassen die Symptome schon deutlich nach.

Ich habe nun nicht mehr die Möglichkeit mir eine nächste Zigarette an zu zünden. Mir ist bewusst, dass das Nikotin und die anderen Giftstoffe meinen Körper ganzheitlich vergiftet haben. Nikotin ist ein starkes Nervengift, manche vergleichen das Suchtpotential mit dem von Heroin.
Nach einer Stunde ohne Zigarette, dauerte es auch nicht sehr lange und die Entzugserscheinungen, begannen sich in mir auszubreiten. Ich wurde kribbelig und unruhig, die Gedanken kreisten um das Rauchen, emotional war ich unruhig,

körperlich zitterig. Alles in und an mir rief nach einer Zigarette. Es war eine merkwürdige Spannung in mir, die ersten Anzeichen davon, dass mein Blut anders durch die Adern pulsiert. Die Zeit wurde sehr lang und zwischendurch gab es Minuten, in denen ich glaubte, es geht nicht mehr, ohne eine Zigarette zu rauchen. Diese Minuten waren schlimm, aber auch diese Minuten waren ohne Zigaretten, auszuhalten. Wie gesagt es sind nur Minuten! Vielleicht ein bis zwei. Das Verlangen nach der Zigarette ist mir ja bewusst geworden, weil ich mir beigebracht hatte auch mal ohne Zigaretten zu sein. Das heißt in den Phasen wo ich aufhören wollte hab ich ja mit dem weniger Rauchen begonnen und das hat ja auch funktioniert. Somit gelingt es mir auch, ganz auf die Zigaretten zu verzichten. (Es ist ja noch nicht einmal Verzicht)
Doch der Entzug geht weiter und in diesen ersten Tagen spielt sich um klar zu denken nicht viel ab. Es denkt sich hauptsächlich um das Rauchen und um das Nichtrauchen.

Die ersten schweren Stunden sind überstanden. Ich habe mir für den Entzug eine Zeit und einen Ort ausgesucht, an dem ich nur sehr schwer an Zigaretten gekommen wäre. Es dauerte ungefähr eine Woche, um endgültig aufzuhören: Am ersten Tag wurde ich mit einer Zigarette rückfällig, am zweiten und am dritten Tag jeweils mit einer halben Zigarette. Also die größte Hürde war nun genommen, denke ich mir. Diese letzten Züge an den Zigaretten schmeckten ekelig und in der Nähe von Rauchern und Aschenbechern stank es. Auch ein gelungener Abschnitt des Aufhörens: „Der Geruchssinn ist wieder da. Ich kann wieder riechen. Der Speichel in meinem Mund ist viel wässeriger geworden und ich kann wieder schmecken, sogar das Sehen wird klarer und die Konturen und Farben werden deutlich schöner"!
Ich habe die ersten Tage viel geschlafen und mich ausschließlich um mich gekümmert. Die ersten Situationen, in denen ich nichts lieber gemacht hätte, als zu rauchen, habe ich clean überstanden. Das bedeutete mir viel, denn daraus habe ich gelernt:

„Dass es die Möglichkeit für mich gibt, situationsbedingt nicht
Rauchen zu müssen"!

Die Idee nun doch Nichtraucher zu sein setzt sich in den Gedanken immer weiter fest und die körperlichen Entzugserscheinungen lassen nach ungefähr drei Tagen soweit nach, dass es danach schon recht einfach ist, nicht mehr zu rauchen. Was natürlich länger anhält als der körperliche Entzug ist die geistige und seelische Abhängigkeit, wobei die seelische Abhängigkeit da noch schwieriger ist als die geistige. „Das Schöne daran ist, wenn ich die körperlichen Entzugserscheinungen überwunden habe, habe ich die Möglichkeit selbst darüber zu entscheiden, ob ich Nichtraucher bleibe oder wieder Raucher werde!

Das sollte bis soweit klar sein, zudem hat mich nie jemand gezwungen zum Rauchen außer ich selbst.

Alles Elend und alles Leid was ich mir damit angetan habe, habe ich alleine gemacht.

Dafür gibt es niemand der oder die das verursacht haben.

Nur ich allein bin nun auch derjenige der mit dem vergangenen lebt, mit der absoluten Gewissheit ohne den Nikotinspiegel ein wertvolles Leben begonnen zu haben.

Vorbeugend verschiedene Angebote nicht rückfällig zu werden.

Mir muss dazu im Kopf klar bleiben, wie sehr mir das Rauchen von Zigaretten schadet.

Die schönen Seiten des Nichtrauchens bleiben nur, wenn ich nicht rauche. Das klingt so simpel, ist aber doch schwierig genug. Das Husten hat aufgehört! Das Ausspucken von Schleim hat aufgehört. Der Speichelfluss ist schön wässerig. Die Zunge ist nicht belegt.

Die oft undefinierbaren Schmerzen in der Brust haben aufgehört.

Heute treibe ich immer noch keinen Sport.

Meine Gewichtszunahme hält sich auch in Grenzen, ich wiege ungefähr 68 Kilogramm.

Ich vermeide nicht die Langeweile, denn dafür muss ich mich ständig unter den Druck setzen, dass ich unbedingt was tun muss, um nicht rückfällig zu werden. Ich mache das anders, ich versuche mir im Kopf darüber klar zu bleiben, dass das Rauchen mir so sehr schadet, das ich daran sterben werde. Mit diesem ständigen Bewusstsein gelingt es mir, nicht wieder mit dem Rauchen anzufangen.

Mir ist ja außerdem klar wie schwer es war mit dem Rauchen aufzuhören!

Wie oft habe ich es versucht und wie oft bin ich gescheitert? Wenn ich das erst nehme, wird mir auch klar, dass es sein kann, dass ich es ein nächstes Mal nicht schaffen könnte. Ich dann am schrecklichen Lungenkrebs durch das Rauchen sterben werde! Ist das nicht grauenhaft? Somit bleibt für mich im Grunde genommen und im Betrachten meiner ganzheitlichen Denkweise, über mein Dasein als Körper, Geist und Seele, nichts anderes übrig, als auf alle drei Anteile zu hören:

Mein Körper fühlt sich seitdem ich nicht rauche wesentlich wohler, mein Geist begreift mehr und mehr wie sehr ich mich mit dem Rauchen betrogen hatte. Das Denken darum wird immer deutlicher und gibt dadurch auch die Möglichkeit wirklich und in Wahrheit klar zu denken! Klar zu denken in Anbetracht der drei Komponenten: „Körper, Geist und Seele"! Nun auch endlich ohne erforderlichen Selbstbetrug wie in der Zeit, in der ich geraucht hatte. Meine Seele kommt zu einer Ruhe, die ich während der Zeit des Rauchens nie gekannt habe. Das dauert allerdings einige Zeit, denn die psychische Abhängigkeit von den Zigaretten ist schwerwiegend. Die Aggressionen und die Unruhe halten an, nachdem ich nicht mehr rauche. Es muss da kein Ersatz geschaffen werden, denn durch das Nichtrauchen beruhigt sich die Seele mehr und mehr. Mit dem Schaffen von Ersatzhandlungen gewinne ich nicht wirklich Zufriedenheit, sondern ersetze lediglich die Zigarette mit dem Ersatzstoff.

Es ist mir dadurch auch sehr deutlich geworden, wenn ich etwas Schädliches gegen mich unternehme, dann mache ich meinen Körper meinen Geist und meine Seele davon betroffen.

Streng genommen ist dieser Betrug gegen mich selbst, ein „Krieg", in dem ich auf jeden Fall als Verlierer hervorgehe.

Sicher ist nur wer keine Zigarette benötigt, stellt klar, wie er / sie in Frieden mit sich leben kann frei.

Sehr Bemerkenswert find ich zudem, dass es soweit ich die Natur kenne, kein einziges Lebewesen, außer dem Menschen, dass Zigaretten raucht .

Schluss mit dem Rauchen

Es ist gleichgültig, wie wir die Nikotinsucht beschreiben. Das Wahre bleibt.
Jeder Raucher ist im Begriff einen Selbstmord auf Raten zu begehen. Die einzige gesunde Möglichkeit, die der Raucher hat, ist Nichtraucher zu werden.

Eines der größten Probleme Nichtraucher zu werden ist:
„ Der Raucher selbst ist von sich selbst so streng betrogen, das dem Nichtraucher nicht geglaubt werden kann. Der Raucher entwickelt durch die Nikotinsucht verursacht eine Aggression, die aus der Angst vor den Entzugserscheinungen entstanden ist.
Das ist nicht die Angst, die ihn nach vorne treibt, nein das ist die Angst, die dem Raucher sein eigenes Grab schaufelt.
Biblisch geschrieben: Hat es der Raucher mit dem Teufel zu tun!
Es wird regelrecht verleugnet, dass es aufgrund des Rauchens zu gesundheitlichen Problemen kommt oder

schon längst gekommen ist.

Wenn ich das alles ernst nehme, habe ich gar keine
Möglichkeit noch weiter zu rauchen.
Rauchen ist Selbstbetrug.
Und wenn ich den Selbstbetrug auflöse, bleibt mir nur die
Möglichkeit nicht zu rauchen.

Noch krasser ist:
Wenn ich wirklich leben möchte, kann ich nicht rauchen!

Wer nach dem Lesen dieses Buches noch rauchen möchte,
hat wahrscheinlich auch eine hohe Bereitschaft daran zu
Grunde zu gehen.

Viel Freude beim Nichtrauchen und viel selbstgemachtes
Leid beim Rauchen!!

Ende....

Joachim als Nichtraucher und der Erfolg für das eigene Leben.
Ich bin jetzt seit einigen Jahren Nichtraucher. Übrigens bin ich
clean von anderen Drogen einschließlich Alkohol. Es war
Weise mit dem Rauchen aufzuhören. Ich bin jetzt etliche Jahre
Rauchfrei, es wird von Tag zu Tag leichter . Ich kann heute
sagen , Nichtraucher sind Gewinner im Leben und des Lebens.
Es war schwer den Weg dahin zu finden, doch wenn er erst mal
da ist, ist es eine Art Gnade diesen auch zu gehen.
Ich bin dankbar dafür aus diesem elenden Sumpf, aus Angst
und Verzweiflung, entkommen zu sein.

**Das einzige was mir am Rauchen gefallen hat, ist aus
heutiger Sicht nichts.**

Alles andere wäre Unsinn zu schreiben, genauso wie das Rauchen Unsinn ist. Natürlich muss ich diese Einstellung erst mal haben.
Ich wünsche jedem einen cleanes Leben .